Gerold Schmid

Wetziker Busgeschichten

Beobachtungen
aus dem Alltag
eines Buspassagiers

Herstellung und Verlag:
2009 by Books on Demand GmbH, Norderstedt, Deutschland
Idee, Konzept und Bilder:
Verkehrsbetriebe Zürichsee und Oberland, Grüningen ZH
Text und Layout: Gerold Schmid
© Gerold Schmid

ISBN 978-3-8391-4633-0

Inhaltsverzeichnis

Vorwort

Seit über sechs Jahrzehnten kurven die Busse der Verkehrsbetriebe Zürichsee und Oberland AG (VZO) durch das Zürcher Oberland. Die blauen Busse gehören zum Bild der Region und sind längst so selbstverständlich, dass man sie gar nicht mehr bewusst wahrnimmt.

Die «Wetziker Busgeschichten» sind eine Hommage an die täglich rund 55 000 Fahrgäste, aber auch an die Macher, die 260 VZO-Mitarbeitenden.

Wer sich Zeit zum Lesen der Kurzgeschichten von Gerold Schmid nimmt, taucht ein in packende, kuriose und oft humorvolle Geschehnisse, beobachtet in den Bussen der VZO.

Die Verkehrsbetriebe Zürichsee und Oberland sind Partner des Zürcher Verkehrsverbundes (ZVV) und verantwortlich für den öffentlichen Busverkehr im Zürcher Oberland und am rechten Zürichseeufer. Gegründet wurden sie 1948.

In einer immer mobileren Gesellschaft sind die Dienstleistungen der VZO nicht mehr aus dem öffentlichen Leben wegzudenken. Tagtäglich bringen sie die ihnen anvertrauten Fahrgäste pünktlich und sicher zu den Verbindungsbahnhöfen, wo der Anschluss an die S-Bahnen erfolgt.

Eine wahre Erfolgsgeschichte sind auch die Nachtbusse, die übers Wochenende vor allem für die Spätheimkehrer aus Zürich einen 24-Stunden-Anschluss in die Region sicherstellen.

Die VZO bedanken sich mit diesem Buch bei den Fahrgästen für ihre Treue und den Mitarbeitenden für ihren Einsatz.

Verkehrsbetriebe Zürichsee und Oberland
www.vzo.ch

Gerold Schmid

Erkenne dich selbst

Die Busgeschichten handeln – auf den ersten Blick – von anderen Menschen. Sie können – ebenfalls auf den ersten Blick – voyeuristisch ausgelegt werden. Beides aber war nie in meiner Absicht. Dazu muss ich zuerst erzählen, wie ich zu diesen Geschichten kam.

Eines Tages gelangte ich zur (späten) Einsicht, dass sich mein Arbeitsweg durchaus mit dem öffentlichen Verkehr bewältigen lässt. Im speziellen Fall mit dem Bus. Ich bin nicht der Typ Mensch, der auf dem Weg zur Arbeit die Zeitung liest oder gar den Laptop hervorholt, um die Zeit effektiv zu nutzen. Viel lieber beobachte ich, was sich innerhalb und ausserhalb des Busses abspielt. Solches konnte ich beim Autofahren nie tun.

Also fing ich an, die Menschen zu beobachten. Nicht als Voyeur. Ein solcher hat nur die anderen im Blickfeld, nie sich selbst. Und bald einmal entdeckte ich *mich* in den anderen Menschen und ihrem Verhalten; ich begann, über mich selber nachzudenken. Der Leserin und dem Leser das vor Augen zu führen, ist meine einzige Absicht.

Ein grosser Teil der Busgeschichten erschien in einer regionalen Tageszeitung, bei der ich als Redaktor arbeitete. Das Echo auf die als Kolumnen erschienenen Busgeschichten war gross. Die Frage, ob sie nicht in Buchform erscheinen könnten, wurde an mich herangetragen.

Erst als die Verkehrsbetriebe Zürichsee und Oberland an mich herantraten mit der Idee, gemeinsam ein Buch herauszugeben, nahm das Projekt konkrete Formen an. Den VZO sei dafür mein herzlicher Dank ausgesprochen.

Immer nur lächeln

Seit Kurzem gehöre ich zu jener Bevölkerungsschicht, die sich einen Mercedes mit Chauffeur leistet. Will heissen, ich bin mehrmals täglich auf dem Wetziker Lokalnetz mit dem «Omnibus» unterwegs. Also mit jenem Gefährt, das dem ursprünglichen lateinischen Namen nach «für alle» da ist.

Entspannt zur Arbeit fahren und ebenso nach Hause zurück, das war zu Beginn meine Vorstellung von Busfahren. War! Bis zu jener Haltestelle, an der die Passagiere nicht nur einstiegen, sondern auch ein Billett im Bus lösen mussten.

Mit freundlicher Stimme und einem Lächeln auf dem Gesicht fragt die Frau hinter dem Steuer den ersten Passagier nach dem Ziel. Den umständlichen Erklärungen nach scheint das gar nicht so einfach zu sein. Die Zeit verrinnt. Nervös blicke ich auf meine Uhr. «Mach schon vorwärts», denke ich. Als besagter Fahrgast dann noch Münze um Münze aus seinem Portemonnaie klaubt und diese auf den Münztisch legt – da erwarte ich ein mahnendes Wort der Fahrerin. Schliesslich gilt es, den Fahrplan einzuhalten. Doch nichts dergleichen geschieht. Die freundliche Frau von den VZO hat immer noch ihr Lächeln aufgesetzt. Auch beim nächsten Fahrgast, der sein Billett mit einer Hunderternote bezahlt, und auch noch beim übernächsten Fahrgast.

«I wöische allne en guete Tag, uf Widerluege», verabschiedet sie sich am Wetziker Bahnhof von den Passagieren. Immer nur lächeln, immer nur freundlich sein – ehrlich, das könnte ich nicht. Mich würde es «verblasen», müsste ich solche Fahrgäste bedienen. Da kann ich nur sagen: Chapeau, Ihr Helden hinter dem Steuer!

«Terminal Station»

Englisch hat seinen festen Platz in unserer Umgangssprache. Wir «fooden», «downloaden», «pimpen», «networken», geben uns «cool». Jetzt hat das Englisch – wen wundert's – auch in den Bussen der VZO Einzug gehalten. Seit einiger Zeit wird ein neues Leitsystem getestet. Auf Monitoren im Bus sehe ich alle Stationen der Linie und die ungefähre Fahrzeit bis zum nächsten Halt angezeigt. Eine Frauenstimme hat die Dialektvielfalt der Buschauffeure ersetzt und kündigt in immer gleicher Stimme den nächsten Halt an.

Also sitze ich im Bus, der zum Bahnhof in Unterwetzikon fährt. «Wildbach», tönt die Frauenstimme aus den Lautsprechern; die letzte Haltestelle vor dem Bahnhof. Und dann, gut lesbar, kündigt der Bildschirm an: «Endhaltestelle/Terminal Station».

Ich habe mich nicht «verguckt», tatsächlich «Endhaltestelle», nicht etwa «Endstation», und «Terminal Station» als englische Übersetzung. Noch mehr verwirrt mich die weitere Ankündigung auf dem Bildschirm. Dort lese ich: «Dieser Kurs fährt nach

Ankunft in Wetzikon ZH (Komma) Bahnhof nach Wetzikon ZH (Komma) Bahnhof.» Grammatikalisch und orthografisch ist dies zwar völlig richtig, aber dennoch verstehe ich zuerst nur «Bahnhof». Die Lösung: Dieser Bus fährt als Rundkurs vom Bahnhof Wetzikon entweder über Robenhausen oder das Spital wieder an den Bahnhof.

Manchmal, so folgere ich, bringt Korrektheit grössere Verwirrung mit sich, als wenn gängige Regeln umgangen würden. Aber nur wenn es dem besseren Verständnis dient ...?

Nachtrag: Einige Zeit nach dem Erscheinen dieser Kolumne wurden die Anzeigen auf den Monitoren geändert...

Frau im Rollstuhl

Die Freiheit, mit dem Auto zu jeder Zeit an jeden Ort aufbrechen zu können, hat ihren (hohen) Preis. Kennen Sie die folgende Situation? «Oh Gott, in fünf Minuten muss ich beim Arzt sein!» Schnell, schnell hinters Steuerrad geklemmt und losgefahren – «verd…, ausgerechnet heute sind alle Parkplätze besetzt». Mit der Zunge am Boden erreiche ich die Arztpraxis und wundere mich, warum mir mein Hausarzt Tabletten gegen Bluthochdruck verschreiben will. Busfahren, das heisst für mich die Wiederentdeckung der Langsamkeit. Dazu gehört, den Weg zur Arbeit auch einmal unter die Füsse zu nehmen.

Vor mir auf dem Trottoir ist eine Frau im Rollstuhl unterwegs. «Chönd Si mi es Stückli mitschiebe?», fragt sie mich beim Vorübergehen. Sicher. Im kurzen Gespräch erfahre ich etwas über ihr Schicksal, und siehe da: Plötzlich entdecken wir gemeinsame Bekannte. Ich brauche nicht zwingend ins Internet zu gehen, um soziale Kontakte zu pflegen. Mein «Face-to-Face-Book-Konto» ist auf dem Wetziker Trottoir, merke ich.

Heimat

Busfahren ist mehr, als von einem Ort zum andern zu gelangen. Auf der Fahrt, und sei sie noch so kurz, trifft man sich. «Sali Köbi, wie häsch es?» «So, Fridi, bisch au unterwägs!» Und sofort kommt es zum kurzen Austausch. Man erfährt, wie es Fridis Sohn ergeht, dass er seit neuestem an der ETH Physik studiert, vernimmt, dass Köbis Frau wieder einmal wegen Arthrose in Behandlung ist, und vieles mehr.

Belanglosigkeiten? Mag sein! Doch zu wissen, wie es dem Köbi seiner Frau geht, und dass aus Fridis «Peterli» ein gestandener Mann geworden ist, der sich jetzt mit Physik befasst – und nicht mehr mit Regenwürmern, die er mir noch vor Jahren als kleiner Bub voller Stolz präsentierte –, das weckt in mir heimatliche Gefühle. Hat nicht einmal der Schriftsteller Max Frisch geschrieben: «Heimat sind die Menschen, die wir verstehen und die uns verstehen.»

So gesehen erfahre ich während meiner Busfahrten ein Stück Heimat. Der Köbi, das Fridi und ich verstehen uns, auch wenn beim gegenseitigen Austausch «nur» Belanglosigkeiten zur Sprache kommen.

Halt auf Verlangen

Inzwischen zähle ich mich zu den routinierten Buspassagieren. Ich weiss genau, wann ich den Halteknopf drücken, wann ich aufstehen und mich zur Türe begeben muss. Das ist alles von Bedeutung. Denn, erhebe ich mich zum Beispiel zu früh vom Sitz – das ist vor der Kurve –, dann raubt mir die Fliehkraft den Stand. Da können nur noch in Fleisch und Blut übergegangene Abläufe die Situation retten: blitzschnell nach einer Stange greifen, die Tasche nicht aus den Händen verlieren und tunlichst vermeiden, meine Schuhe auf jenen der anderen Fahrgäste abzustellen.

Beispielhaft demonstrierte eine Mitreisende, was geschieht, wenn beim Busfahren die Routine fehlt. Die nächste Haltestelle wird angesagt. Niemand drückt den Halteknopf. Der Buschauffeur verlangsamt die Fahrt vor der Haltestelle. Da auch niemand zusteigen will, beginnt er, das Gefährt zu beschleunigen. «Halt, i muess use!», tönt es von hinten. Geistesgegenwärtig stoppt der Fahrer und blickt in den Fahrgastraum. «Si händ gar nöd gseit, das es e Haltstell mit Halt uf Verlange isch», sagt eine

Dame mit leicht pikiertem Unterton in ihrer Stimme. Ein Lächeln huscht über die Gesichter der Fahrgäste. Auch der Chauffeur kann das Lachen nicht ganz unterdrücken. «Si müend de Chnopf vorher drücke», sagt er. Das Kopfnicken der routinierten Passagiere gibt im recht.

Parfüm-Frau und
Stechschritt-Mann

Busfahren regt zum Nachdenken an, insbesondere auch über die Fahrgäste und ihre Eigenheiten. Mit der Zeit kennt man seine Pappenheimer. Da ist zum Beispiel die «Parfüm-Frau». In Klammern: Ich gebe meinen Mitfahrgenossen, die ich regelmässig antreffe, einen für mich treffenden und leicht zu merkenden Namen; Klammer zu. Also die «Parfüm-Frau», sie rieche ich, bevor ich sie sehe.

Eingehüllt in eine Duftwolke unverkennbaren Parfüms, nimmt sie jeweils Platz. Erst setzt sie sich quer auf den Sitz und lässt, hohlen Kreuzes, ihren 360-Grad-Rundumblick durch den Fahrgastraum schweifen. Nach einer 90-Grad-Ganzkörper-drehung in Fahrtrichtung fällt sie jeweils mit einem tiefen Seufzer im Sitz in sich zusammen.

Am meisten Eindruck macht mir jedoch der «Stechschritt-Mann». Wenn abends die S-Bahn aus Zürich einfährt, ist er der Erste, der aussteigt. Grauer Mantel, graue Hose, schwarze Schuhe, in der Linken eine braune Ledermappe. Vom Steissbein bis zum Hinterkopf: eine gerade Linie ohne

Buckel oder Verkrümmung. Mit leichter Vorlage, den rechten Arm fast bis zur Schulterhöhe schwingend, marschiert er Richtung Unterführung.

Die Beine streckt er dabei wie ein Gardesoldat bei der Wachablösung. Und jedes Mal, wenn er eines seiner Beine nach vorne wirft, fällt die vordere Bügelfalte nach hinten, und das Hosenbein rutscht in die Höhe. Zwei, drei Zentimeter nur, aber es reicht, um einen Blick auf die roten Socken zu erhaschen. Ja, es sind wohl solche Kleinigkeiten, mit denen wir Menschen uns als Individuen aus der grauen Masse hervorheben.

Baby-Bus-Rap

Trotz Sonnenschein und blauem Himmel, von einem Stimmungshoch bei mir kann nicht die Rede sein. Der Tag war anstrengend, und ich habe nur eines im Sinn: so schnell wie möglich nach Hause zu kommen. Der Abendbus ist überfüllt. Freitag. Ich zwänge mich in den Sitz am Fenster. Schweissgeruch steigt mir in die Nase. Eine Fahrt, die ich lieber nicht angetreten hätte. Aber so ist nun einmal der Busalltag.

«Balloni, Balloni – Balloni, Balloni – Balloni, Balloni...» Eine helle Kinderstimme tönt durch den Bus. Ich drehe mich um und entdecke den quietschfidelen Kleinen im Kinderwagen. Tatsächlich, da draussen am Himmel kleben drei, vier Heissluftballone. Diese besingt der kleine Nachwuchs-Rapper mit Freude.

Nein, ich rege mich deswegen nicht auf. Im Gegenteil. Ich freue mich an der kindlichen Freude über die «Balloni». Mein Gemüt hellt sich auf. Vergessen ist der anstrengende Tag, nebensächlich geworden der Schweissgeruch. Als ich dann aussteigen muss, bedaure ich es, dem kleinen Sänger nicht länger zuhören zu können.

20

Der Fingerzeig

Nichts liebe ich mehr als Harmonie. Denjenigen Zustand, in dem meine Umwelt und ich quasi reibungslos aneinander vorbeigleiten. Doch das klappt nicht immer, wie ich schmerzlich in der Metropole von Welt, in Basel, erfahren musste.

Ich bin im Tram unterwegs zum Hauptbahnhof. Dieser ist in Sichtweite, als das Tram vor einer Ampel hält. Auto um Auto kreuzt die Tramgleise, während das Tram bockstill vor der Ampel steht. Langsam werde ich nervös. Ein anderer Fahrgast brummelt etwas wie «goots no» in seinen Bart und tigert vor dem Ausgang hin und her. Nach fünf Minuten Stillstand frage ich mich, ob ich nicht den Nothebel für den Türausgang drehen soll. Zu Fuss sind es kaum zwei Minuten zum Hauptbahnhof. Dann endlich, nach fast zehn Minuten Wartezeit vor der Ampel, setzt sich das Tram ruckelnd in Bewegung.

Beim Aussteigen lese ich auf der Anzeigetafel der Haltestelle: «Stau auf Tramlinie 2.» Da geht mein Temperament mit mir durch. Auf der Höhe des Führerstands reisse ich meinen rechten Arm hoch und zeige mit der Hand auf die Anzeigetafel. Der Typ hätte doch etwas sagen können, denke ich mir. Der Trämli-Chauffeur seinerseits wirft als Antwort beide Arme in die Höhe. Und bei der Wegfahrt gibt er mir einen deutlichen Fingerzeig: Mit seinem rechten Zeigefinger tippt er mehrmals kurz auf seine rechte Schläfe.

Wie ein Blitz durchfährt es mich. Glasklar sehe ich mich in ähnlicher Situation vor ein paar Jahren im Bus. Damals musste ich zum Bahnhof in Unterwetzikon. Der Bus hatte leicht Verspätung und blieb auf der Zürcherstrasse, kurz vor dem Bahnhof im Stau stecken.

Kaum hielt der Bus, griff der Buschauffeur zum Mikrofon und gab bekannt, er könne den Bahnhof wegen des Staus nicht mehr rechtzeitig erreichen. «Für die, wo wänd, mach ich jetz Tüüre uuf, damit Si z Fuess no rächtziitig de Zug erreiche.» Sprach's, öffnete die Türen, und eine ganze Reihe Fahrgäste, darunter auch ich, erreichte so noch rechtzeitig den Zug.

Der Griff zum Mikrofon und das Antippen des Türöffnungsknopfs statt der Schläfe hätte mir und den übrigen Fahrgästen mehr gebracht, denke ich, als ich das Schlusslicht des Zugs nach Zürich in weiter Ferne verschwinden sehe.

Der Ägypter

Eine Busfahrt beginnt für mich immer zu Hause in der Stube: Wie viel Zeit brauche ich, um zur Haltestelle zu gelangen – Schuhe und Mantel anziehen und Verabschiedung von den Lieben inbegriffen? Das habe ich, offen gesagt, nicht immer im Griff.

Schon einmal sah ich nur noch das Bremslicht des Busses, als er um die nächste Kurve verschwand. Doch meistens bin ich zu früh an der Haltestelle. Das gibt Gelegenheit, die Umgebung zu betrachten. Letzthin waren es Werbeplakate vis-à-vis dem Bushäuschen.

Eines zieht mich in Bann. «Giacometti» steht darauf und unmittelbar darunter «Der Ägypter». Kunstbanause bin ich zwar nicht, aber auch kein Experte; ich war bis anhin der Meinung, Alberto Giacometti – also der Hunderter-Nötli-Künstler – sei Bündner, aber männiglich kann sich ja täuschen.

Also studiere ich das Plakat eingehend. Es geht um eine Ausstellung im Kunsthaus Zürich. Meisterwerke aus dem Ägyptischen Museum Berlin sind dort zu sehen. Fotos von zwei

Figuren zieren das Plakat – eine ägyptischen Ursprungs und eine unverkennbar von Giacometti.

Sind in der Ausstellung nun Figuren von Ägyptern und von Giacometti zu sehen, oder sind die Figuren von einem Künstler, der den Beinamen «(der) Giacometti der Ägypter» trägt, oder muss ich «Giacometti (Komma) der Ägypter» lesen?

Als der Bus kommt, habe ich immer noch keine Antwort auf meine Fragen. Eines aber wird mir bewusst; Bus fahren lässt mich sprachliche Feinheiten entdecken, auf die ich, eingezwängt hinter dem Steuerrad meines Personenwagens, nie gekommen wäre.

Erwischt!

Einmal ist das erste Mal. Und mir ist das furchtbar peinlich. Ich, ja ich, muss mich hier als Schwarzfahrer outen. Nein, eine Entschuldigung habe ich nicht vorzubringen. Ich vergass, mein Monatsabo zu erneuern (nur um einen Tag...), und kam in eine Kontrolle.

«Ires Abo isch abgloffe.» Wie ein Gongschlag hallt dieser Satz noch jetzt in meinem Kopf. Dann das ganze Prozedere mit Identitätskarte vorweisen, Zettel unterschreiben. Wirklich, furchtbar peinlich. 80 Franken Strafe für Schwarzfahren – fast zweimal so viel, wie mein Monatsabo kostet.

«Falls Si es Jaaresabo löösed, wird Ine de Betrag erloo», sagt die Kontrolleurin, drückt mir einen Zettel in die Hand und bemerkt: «Si händ zää Tag Bedänkfrischt.» Überschlagsweise mache ich die Hochrechnung und stelle fest: Wenn ich jetzt ein Jahresabo löse und kein Monatsabo mehr, spare ich gut und gerne 200 Franken. Dazu brauche ich keine Bedenkfrist.

Eine Stunde später habe ich mein Jahresabo in der Tasche. Beim

Schwarzfahren erwischt zu werden und erst noch dabei zu sparen, das finde ich echt toll. Fast möchte ich sagen: «Danke, Ihr lieben Kontrolleure, habt ihr mich ohne gültiges Abo erwischt!» Aber eben, es kommt immer auf die Sichtweise an...

Der Alte

Als ich gegen dreissig zuging, das weiss ich noch genau, fragte ich mich, wie das ist, wenn man alt wird. Ich konnte mir das einfach nicht vorstellen. Ja, damals betrachtete ich sowieso alle über dreissig als alt und verblichen. Jetzt, zwanzig Jahre später, holen mich diese Gedanken wieder ein.

Ich sitze am Fenster, der Platz links neben mir ist frei. An einer Haltestelle steigt eine Mutter mit zwei kleinen Kindern ein. Sie arretiert den Kinderwagen und weist ihre Tochter auf den freien Sitz neben mir. «Mami, ich wott nöd näb de alti Maa sitze», protestiert die Kleine. Ich brauche ein paar Sekunden, um zu realisieren, dass ich mit «de alti Maa» gemeint bin und nicht der alte Mann, der eine Reihe vor mir sitzt. Ich fühle mich gar nicht alt. Doch, ein wenig angesetzt habe ich schon, und meine Haare werden grau. Aber im Geist fühle ich mich immer noch so jung wie damals, als ich gegen dreissig zuging. Es hat tatsächlich etwas an sich, das Sprichwort: «Man ist so alt, wie man sich fühlt.» Nicht auf das Alter kommt es an, sondern auf die richtige Einstellung und die geistige Kondition.

Sprachengesang

Wetzikon ist eine Weltmetropole. Nirgendwo anders als im Mikrokosmos eines Linienbusses kommt dies mehr zum Tragen. Fahrgäste aus aller Kontinente Länder sind zu sehen. Interessant für mich wird es, wenn diese Menschen ihr Handy zücken und in ihrer Muttersprache zu reden beginnen. Ich lasse die fremden Sprachen auf mich wirken wie ein Konzertbesucher ein Musikstück. Verstehen tue ich sowieso nichts.

Wie schön klingt doch die Sprache dieser Afrikanerin. Wohlklingende, abgerundete, weiche Laute. Ganz anders die temperierte Sprachmelodie jenes südländisch aussehenden Herrn, der seiner Sprache zusätzlich mit der freien Hand Ausdruck verleiht. Harte, stakkatoartige Laute kommen aus dem Mund eines Jugendlichen vor mir. Dazwischen höre ich unser von Reiblauten durchsetztes Schweizerdeutsch.

Sagt die Sprachmelodie etwas über Land und Leute aus, über deren Charakter, über deren Gefühle? Prägen die Menschen ihre Sprache, oder prägt die Sprache den Menschen? Fragen, die mich brennend interessieren.

Doch die Fahrt auf dem lokalen Busnetz ist zu kurz, um sie nur annä-
hernd zu beantworten. Also leihe ich
mein Ohr wieder dem Sprachen-
gesang im Bus und staune, mit welch
verschiedenen Lauten und Melodien
Menschen sich verständigen können.

«Tanz» der Busse

Ein kleines Schauspiel ist für mich die Abfahrt der Busse vom Bahnhof Wetzikon. Ein gut einstudierter «Tanz», dem eine genaue Choreografie zugrunde liegt: Die Chauffeure steigen ein, nehmen hinter dem Steuerrad Platz, Türen schliessen, Motor anlassen, Blinker einschalten und warten, bis sich das vordere Gefährt in Bewegung setzt. Vor der Einmündung in die Hauptstrasse reiht sich Bus um Bus auf der Einspurstrecke ein. Das ist für die Chauffeure Zentimeterarbeit, vor allem bei den Gelenkbussen, wenn die Fahrer ausholen müssen, um die Kurve nicht zu kratzen. So sieht es jedenfalls aus Passagiersicht aus. Aber dieser «Tanz» wird manchmal durcheinandergebracht, wie neulich. Der Motor läuft, der vordere Bus setzt sich in Bewegung – da braust noch schnell ein Automobilist an den Bussen vorbei und bringt die einstudierte Choreografie durcheinander. Der Bus stoppt brüsk. Doch dann fährt er nicht etwa weiter, sondern rückwärts an die Haltestelle zurück. Neustart der Choreografie nur wegen eines vorwitzigen Automobilisten? Die Antwort erhalte ich, als die S14 mit Verspätung von Zürich her in den Bahnhof humpelt und die Passagiere ausspuckt. Schnell, schnell in die wartenden Busse eingestiegen.

Wie nett, denke ich, dass die Chauffeure dem Fahrgast zuliebe auch mal den «Reset-Knopf» drücken und den «Tanz» von vorne beginnen.

60:1

Wenn der Spielstand zweier Mannschaften 60:1 steht, wer ist der Gewinner? Falsch! Es ist die Mannschaft, die das eine Tor gelandet hat. So jedenfalls im «Spiel» zwischen öffentlichem Verkehr und motorisiertem Individualverkehr, wie die Verkehrsingenieure es verklausuliert sagen. Auf den Punkt gebracht: zwischen Bus und Personenwagen. Seit ich hauptsächlich mit dem Bus unterwegs bin, fällt mir auf, dass die Autos, die mir begegnen, meistens nur einen Passagier transportieren – den Fahrer selbst. Im Gegensatz zum Bus, wo der Fahrer je nach Tageszeit 60 und mehr Passagiere transportiert.

Nun gibt es vereinzelte Autofahrer, denen die Bushaltestellen willkommener Ersatz für fehlende Parkplätze sind. Dabei spielt es keine Rolle, ob die Bushaltestelle auf oder neben der Fahrbahn ist. Nach dem Motto: Es kommt ja gerade kein Bus, also kann ich mein Auto ruhig auf der Haltestelle parkieren. Ob dann die 60 und mehr Passagiere irgendwo ein- oder aussteigen müssen..., wen interessiert's?

Bei der Wegfahrt das Gleiche. Die Passagiere sind ein- und ausgestiegen, der Chauffeur stellt den Blinker und beginnt mit der Weiterfahrt. Mehr als einmal musste ich erleben, wie der Chauffeur brüsk auf die Bremse treten musste, weil ein, zwei, drei, vier Automobilisten noch schnell am Bus vorbeifahren wollten. Offensichtlich, so meine Schlussfolgerung, ist der öffentliche Verkehr – im Speziellen der Bus – für viele Autofahrer ein leidiges Verkehrshindernis auf ihrem Weg zum Ziel. Und so wird es auch bleiben, stelle ich resigniert fest. Jedenfalls so lange, bis die Spielregeln ändern.

Fertig Chilbi

Bus fahren auf dem Wetziker Strassennetz hat seinen Reiz. Augen zu und raten, über welchen Strassenabschnitt der Bus gerade fährt. Das ist nicht einfach. Für «Wetten, dass...?» wollte ich damit nicht kandidieren.

Ein Strassenstück jedoch ist unverkennbar, unverwechselbar und einmalig: Der untere Teil der Spitalstrasse, zwischen Schneggenstrasse und Alterswohnheim. «Papi, im Bus uf dr Spitalstraass häsch s ganz Jaar Chilbi», sagte mein Sohnemann schon vor Jahren. Er hat nicht unrecht. Denn Wetziker Chilbi heisst für mich, auf verschiedenen Bahnen ruckeln, drehen und mich durchschütteln lassen. Leider währt dieser Spass nur drei Tage im Jahr.

Aber im Bus, auf der Spitalstrasse, da kann ich das ganze Jahr durch die Erinnerung an die Chilbi wach halten. Das hat ein Ende. Die Spitalstrasse wird saniert – trotz jahrelanger «Bemühungen» der Wetziker Bevölkerung, diese Sanierung zu bodigen und einen Rest Chilbi ganzjährig wach zu halten. «Spital», tönt die Frauenstimme aus dem Lautsprecher.

Es ist so weit. Ich sitze in der hintersten Reihe im Bus. Unter meinem Hintern brüllt der Turbodiesel auf. Ich schliesse meine Augen.

Jedes Teil im Bus beginnt im Rhythmus der Schlaglöcher zu scherbeln, alles vibriert und dröhnt, und ich lasse mich ein letztes Mal so richtig durchschütteln. Denn ab jetzt heisst es: fertig Chilbi auf der Wetziker Spitalstrasse.

Kopflandschaften

«Die personelle Distanz beträgt eine Armlänge»; so ist es nachzulesen im «Business-Knigge». Der Anstand verbiete es, diese Distanz einem anderen Menschen gegenüber zu unterschreiten. Ausgenommen davon seien die Lieben zu Hause.

Höflich wie ich bin, habe ich mir diese Anstandsregel zu Herzen genommen. Hoffnungslos überfordert damit bin ich aber im Bus. Schon die Distanz zur vorderen Sitzreihe ist kürzer als mein Arm. Und den Kopf des Passagiers vor mir auf Armlänge wegzudrücken, verbietet mir mein Anstand erst recht.

So füge ich mich also dem Schicksal und beobachte dafür die Köpfe vor mir sehr genau. Wie dumm, wenn eine weisshaarige Frau ein schwarzes Cape trägt: Jedes verlorene Haar, jedes Schüpplein, das auf die Schulter fällt, hebt sich deutlich ab. Wie appetitlich, wenn der junge Mann vor mir mit den Fingern durch sein fettiges Haar fährt. Interessant sind jedoch kurzgeschorene Männerköpfe. Je kürzer das Haar, umso besser kommen all die Narben, Muttermale oder Pickel zur Geltung.

Ich beginne zu sinnieren. Welchem Ereignis ist wohl diese ausgefranste Narbe auf der Kopfhaut zuzuordnen? Musste der Narbenträger dabei leiden? War kein Arzt in der Nähe, der die Wunde fachgerecht hätte nähen können? Der Passagier vor mir kommt mir sinnbildlich immer näher. Ein Einzelschicksal unter vielen.

Mehr Nähe, als der «Knigge» erlaubt, ist heilsam, stelle ich fest. Das Objekt Passagier vor mir wird zum Menschen wie du und ich. Genau so verletzlich, mit den gleichen Bedürfnissen wie du und ich. Wie könnte ich ihn unter diesen Voraussetzungen «anpflaumen», nur weil er beim Kauen seines Kaugummis schreckliche Schmatzgeräusche von sich gibt?

Der Missionar

Die folgende Begebenheit beginnt bei mir zu Hause im Briefkasten. Von Zeit zu Zeit finde ich darin ein religiöses Traktat, dem ich entnehmen kann, wie ich in fünf Schritten zum rechten Glauben komme. Auf jedem Traktat ist ein weisses Feld für den Absender. Nur, es ist immer leer. «Wer zum Kuckuck verteilt nur diese anonymen Traktate?», frage ich mich. Gerne wäre ich mit dem Absender ins Gespräch gekommen.

Dann, eines Morgens, an der Bushaltestelle. Auf der Wartebank finde ich einen Wust ebensolcher Traktate, die dort schön gefächert liegen. Wieder ohne Absender. Erneut frage ich mich, wer denn der anonyme Verteiler sein könnte. Die Antwort erhalte ich zufällig im Bus – wie könnte es denn anders sein in dieser Kolumne. Wie so oft geniesse ich es, nach dem Feierabend im Bus Platz zu nehmen und zu warten, bis die Passagiere aus der S-Bahn zusteigen. Mir gegenüber, auf der anderen Seite, setzt sich ein Herr hin. Das Gesicht kenne ich, der Mann wohnt im gleichen Quartier wie ich.

Beim Aussteigen traue ich meinen Augen nicht. Auf dem Sitz, auf dem eben noch besagter Mann sass, sticht mir eines dieser Traktate ins Auge. Das war garantiert noch nicht dort, als der Mann zustieg. Ha! Seit diesem Moment weiss ich also, wer in unserem Quartier Missionar spielt. Aber, das muss ich zum Schluss gestehen, bis dato hatte ich einfach keine Zeit, ihn auf seine Traktate anzusprechen. Sie wissen, nach Feierabend ist Mann müde und muss sich erholen...

Saubermänner

Mir fällt es auf, besonders dann, wenn ich mit der S-Bahn gefahren bin und in einen der silberblauen Flitzer der VZO umsteige. Sowohl aussen wie innen sind die Busse sauber. Keine Fläschli, keine Zeitungen liegen herum. Ich kann mich getrost auf einem Sitz niederlassen, ohne zu befürchten, dass dadurch meine Hose Schaden nimmt.

Das weiss ich zu schätzen. Denn nur allzu oft wird mir die Fahrt mit der S-Bahn vergällt. Wenn ich zuerst einen Sitzplatz suchen muss, auf dem ich nicht Spuren von Fastfood, Schuhwichse oder anderem zivilisatorischen Müll finde. Gar nicht zu reden von aufgeschlitzten Polstern. Warum ist das im Bus so anders?

Daran sind die Saubermänner «schuld». Mehr als einmal habe ich beobachtet, wie die Chauffeure durch den Bus gehen, ihren Sperberblick auf Boden und Sitze werfen und alles wegräumen, was es wegzuräumen gibt. Imponiert hat mir das, weil es nicht durch Putzpersonal einmal im Tag, sondern durch Chauffeure an praktisch jeder Endhaltestelle gemacht wird. Das finde ich bemerkenswert. Darum winde ich hier all den chauffierenden Saubermännern (und -frauen) einen grossen Kranz.

Lenkkräfte

Als Person männlichen Geschlechts empfinde ich es als Gratwanderung, über das andere Geschlecht zu schreiben. Denn männiglich läuft schnell Gefahr, entweder in die Macho-Ecke gedrängt oder als Sexist abgestempelt zu werden. Das Ganze spitzt sich noch zu, wenn ich jetzt über Frauen am Steuer schreibe. Genauer gesagt über Frauen hinter dem Steuer eines Busses.

Die gibt es. Und weil sie noch in der Minderzahl sind, komme ich selten dazu, einen... – ja, wie sag ich's denn? – weiblichen Chauffeur...? Halt, das kann sexistisch verstanden werden, also Chauffeuse...? Nein, das tönt zu belanglos, so wie Coiffeuse... Nein, nein, ich habe ja nichts gegen Coiffeusen... Meine Gedanken beginnen zu rotieren.

Die Lösung des Problems entnehme ich der geöffneten Gratiszeitung meines Sitznachbarn. Im Kampf gegen die Verwendung sexistischer Wörter, lese ich schielend, will die EU den Sprachgebrauch diesbezüglich neu regeln. Nach dem Willen der EU-Verwaltung sollen Polizistinnen und Polizisten verschwinden und zu

Polizeikräften werden. Auch bei uns, so erinnere ich mich, sind ja Lehrerinnen und Lehrer bereits zu Lehrkräften geworden. Ich spinne den Gedanken weiter: Die Putzfrau wird zur Putzkraft, die Politikerinnen und Politiker werden zu Politikkräften und – ich jubiliere über meinen genialen Einfall – die Chauffeusen und Chauffeure ganz einfach zu Lenkkräften.

Aus psychologischer Sicht macht das durchaus Sinn. Zu wissen, dass ich in der sich ausbreitenden Wirtschaftskrise tagtäglich, ja sogar noch im Bus, von lauter «Kräften» umgeben bin – das hilft mir, meinen Alltag sorgloser zu bewältigen.

Rückwärts gewandt

Es war der Berner Troubadour Mani Matter, der in einem seiner Lieder besang, wie sich Fahrgäste wegen der Frage in die Haare geraten, ob es richtig sei, vorwärts oder rückwärts zur Fahrtrichtung zu sitzen. Meine Vorliebe, das gebe ich offen zu, gilt dem Vorwärtsschauen. Hält der Bus irgendwo, will ich wissen warum. Das geht nur mit Blick nach vorne.

Nur ungern sitze ich mit dem Rücken zur Fahrtrichtung. Ich liebe es nicht, von Dutzenden Augenpaaren angestarrt zu werden. Wenn es keine freien Plätze mehr in Fahrtrichtung gibt, dann nehme ich mit einem Stehplatz vorlieb – ausser ich bin mal so müde wie auf dieser Fahrt.

Ich schaue zum Fenster hinaus und sehe eine mir unbekannte Landschaft, entdecke neue Details am Strassenrand, die ich bisher noch nie wahrgenommen habe. Was doch die Blickrichtung ausmacht! Immer nur vorwärts zu schauen, hat mich blind gemacht, Neues zu entdecken.

Also, folgere ich, tut es dem, der wie ich vorwärts schaut, gut, mal rückwärts zu schauen. Ob es aber dem, der dauernd rückwärts gewandt ist, gut tut, mal vorwärts zu schauen, kann ich an dieser Stelle nicht beurteilen. Sicher würde ich mich aber nie in einen Händel einlassen, welche Blickrichtung die bessere sei, wie im Lied von Mani Matter.

Schwarzfahrer

Kontrolleure sind der Schrecken der Schwarzfahrer. Jener Fahrgäste, die kein gültiges Billett haben. Schwarz, liess ich mir sagen, habe in diesem Zusammenhang nichts mit der Farbe gleichen Namens zu tun. Das Wort komme aus der «Gaunersprache» und bedeute «arm». So weit die Vorbemerkung zu folgendem Erlebnis.

Ich sitze im Bus am Bahnhof. Nach und nach steigen die Fahrgäste zu. Mir schräg gegenüber setzt sich ein Schüler hin. Er langt in seinen Schulrucksack und holt ein kleines Lederetui hervor. Aus diesem wiederum klaubt er ein Handy, bei dessen Anblick ich richtig neidisch werde.

Der Chauffeur steigt ein und nimmt Platz hinter dem Lenkrad. Unmittelbar danach: «Grüezi mitenand» – aus dem hinteren Teil des Busses kommt ein Mann in VZO-Uniform, stellt sich vorne neben den Fahrer und blickt in den Fahrgastraum. Die Türen schliessen. «Mein» Schüler dreht den Kopf nach vorne, steht auf und begibt sich mit einer Mehrfahrtenkarte zum orangen Stempelautomaten.

Der Bus setzt sich in Bewegung, der VZO-Mann dreht sich um und widmet sich dem Fahrer. Kein Kontrolleur ist er, sondern ein anderer Busfahrer, der mitfährt. Diese Erkenntnis lässt «meinen» Schüler seinen Gang zum Automaten stoppen. Er steckt die Mehrfahrtenkarte in die Jackentasche, nimmt wieder mir gegenüber Platz und konzentriert sich voll und ganz auf sein nicht so billiges Handy. Glück gehabt! Das Geld für den Fahrpreis kann nämlich sinnvoller in einige SMS investiert werden.

Terrorverdacht!

Wie viel von meinem Innern soll ich in einer Kolumne wie dieser preisgeben? Um eine Antwort habe ich lange gerungen. Heute werde ich nun zum ersten Mal einen klitzekleinen Einblick in meine Gedankenwelt geben.

Unbeschwert begebe ich mich abends zur Bushaltestelle. Der Bus wartet. In Gedanken bin ich schon im trauten Heim. Und dann, wenn nur dieser Mann nicht gewesen wäre! Dunkle Hautfarbe, langer, schwarzer Bart, auf dem Kopf ein weisses, rundes Käppi. Mit aggressiv wirkendem Tonfall malträtiert er sein Handy in Arabisch klingender Sprache. Zu seinen Füssen steht ein ausgebeulter City-Rucksack.

Mir läuft es heiss und kalt den Rücken hinunter. Der Fremde hat nämlich ähnliche Züge wie derjenige, dessen Bild ich zuvor in der Zeitung gesehen habe. «Terrorverdacht» lautete die entsprechende Schlagzeile zum Bild. Jahrelang habe ich in den Medien Informationen über den weltweiten Terror gelesen. Und plötzlich wird die mediale Wirklichkeit zur Realität – und ich mittendrin. Der

Rucksack ist möglicherweise mit Sprengstoff gefüllt. «Was, wenn der Mann über das Handy letzte Anweisungen für einen Terroranschlag auf das Wetziker Busnetz erhält?», schiesst es mir durch den Kopf. Ich setze mich ganz zuhinterst in den Bus. Wenn's rummst, dann bin ich wenigstens weit weg vom Geschütz. Doch zu meinem blanken Entsetzen nimmt der Fremde in der Sitzreihe vor mir Platz. Ich bereite mich innerlich auf mein Ende vor…

Zwei Stationen später steigt der Mann aus. Nichts ist geschehen. Gott sei Dank! Ich bin heilfroh, ist die Welt der Medien nicht Realität geworden. Und ich merke auf einen Schlag: Alles ist letztlich nur eine Frage der Wahrnehmung – und wie sie gesteuert wird.

... sie nannten ihn Bonsai

Ich weiss nicht mehr, woher ich den Spruch habe. Kürzlich kam er mir wieder in den Sinn: «Ein Mann wie ein Baum, sie nannten ihn Bonsai.» Sie fragen sich, was dieser Spruch mit Busfahren gemeinsam hat.

Wie so oft zwängt sich ein Autofahrer noch schnell am Bus vorbei und schneidet ihm den Weg ab. Buschauffeure sind in der Regel geduldige Menschen. Aber diesem Chauffeur hat es ob des kühnen Manövers den Hut «gelupft». Wie er den Zwischenfall kommentiert hat, sei der Zensur unterworfen. Aber er hat zusätzlich die Bushupe ausgelöst.

Ich vernehme ein schüchternes, kaum hörbares «Tüt», fertig. Ist das alles? Ein so grosses Gefährt mit einer Hupe, die mich an eine Veloklingel erinnert? Wie anders tönen da die Lastwagen, bei denen der Schalldruck ihrer Hupen jeden Kleinwagen vor ihnen aus dem Weg bläst!

Ich schmunzle in mich hinein. Das hätte ich nie gedacht. Nicht bei einem Bus. Das Verhältnis zwischen Lautstärke der Hupe und Grösse des Gefährts ist unverhältnismässig, finde ich. Und jetzt wissen Sie auch, warum mich dieser Vorfall an den genannten Spruch erinnert hat.

Dienstschluss

Lenkkräfte – ich ziehe an dieser Stelle das genderkonforme Wort dem Begriff Chauffeur oder Chauffeuse vor, denn niemand soll wissen, ob es sich bei der folgenden Begebenheit um eine Frau oder einen Mann handelt –, Lenkkräfte also verspüren zwischendurch einen Drang zum schnellen Feierabend. Dass es aber so schnell geht, wie neulich beobachtet, hat mich zum Staunen gebracht.

Drei Haltestellen vor dem Bahnhof Unterwetzikon entfernt die Lenkkraft erst das Namensschild und stopft es in ein Köfferchen, bevor die Fahrt weitergeht. An der nächsten Haltestelle wird die Billettkasse abmontiert. Dann, vor dem Rotlicht: Köfferchen hervorholen, diverse persönliche Dinge hineinstopfen, aufstehen, Jacke abhängen, ebenfalls ins Köfferchen damit.

Inzwischen wird es grün, die Kolonne fährt an, wobei die Lenkkraft sich immer noch mit ihrem Köfferchen beschäftigt. Die eine Hand am Lenkrad, die andere noch am Köfferchen, geht die Fahrt weiter. Am Bahnhof Türen auf und schneller als die Passagiere ausgestiegen, dem Dienstschluss entgegen. Keine Sekunde waren die Passagiere in Gefahr. Am Steuer sitzen Profis.

Aber ich habe mich dabei köstlich amüsiert. Comedy live, im Ticket inbegriffen – ein Grund mehr, mit dem Bus zur Arbeit zu fahren.

Ich bin auch...

Sie erinnern sich. Vor ein paar Jahren machte der Zürcher Verkehrsverbund Furore mit seinen «Ich bin auch...»-Slogans. Bahn, Bus, Tram und Schiff wurden als alles Mögliche angepriesen. Schade, ist diese Kampagne vorbei. Ich hätte nämlich etwas beizutragen, das nie erwähnt worden war: Ich bin auch ein Kosmetikstudio. Und das kam so.

Während einer Busfahrt fällt mir eine junge Frau auf, die vorne hinter der Fahrerkabine sitzt. Sie fällt mir auf, weil sie dauernd komische Verrenkungen macht und ihre Nase beinahe an die gläserne Trennwand zum Chauffeur drückt. Das macht mich neugierig. Da sehe ich doch ein Puderdöschen in der einen Hand der jungen Frau, einen Wattebausch in der anderen. Offensichtlich benützt sie die Trennwand als Spiegel und trägt auf der Fahrt zum Bahnhof ihr Make-up auf. Nichts, aber auch gar nichts kann sie von ihrem Vorhaben abbringen. Selbst als ein weiterer Passagier neben ihr Platz nimmt.

Kurz bevor der Bus den Bahnhof erreicht, verstaut sie Döschen und Wattebausch in ihrer Handtasche.

Dann noch einmal die Lippen geschürzt und mit dem Zeigefinger unliebsame Puderkonzentrationen verwischt. Beim Aussteigen ist das Kunstwerk vollbracht. Ich muss gestehen, das könnte ich nicht. Ich gehöre eben noch zu den schamhaften Bünzli, die gewisse Geschäfte lieber zu Hause im stillen Kämmerlein verrichten.

Wo soll er halten?

Bei Diskussionen, ob der Bus auf der Fahrbahn oder in einer Bucht neben der Fahrbahn halten soll, gehen die Emotionen hoch. Besonders dann, wenn die Haltestelle von der Bucht auf die Fahrbahn verlegt wird. Denn, so stelle ich regelmässig fest, für nicht wenige Autofahrer sind Busse rollende Verkehrshindernisse. 30 Sekunden Bushalt auf der Fahrbahn lösen bei Automobilistinnen und Automobilisten einen ungeahnten Kreativitätsschub aus. Jedenfalls was das Umfahren der Busse betrifft. Einige scheuen sich nicht davor, nicht nur den Bus, sondern auch noch die Verkehrsinsel zu umfahren. Auf der Gegenfahrbahn, versteht sich! Und Fussgängerinseln auf der Fahrbahn – neben einer Bushaltestelle – stellen das Können von Offroadern erst recht unter Beweis. Elegant, wie sie solche Hindernisse überwinden.

400 Meter Weg zurückzulegen oder nicht, ist offensichtlich für viele motorisierte Verkehrsteilnehmer zu einer Überlebensfrage geworden. Genau diese Strecke – und keinen Meter mehr – fährt ein Auto innerorts in 30 Sekunden. Sofern man sich an das Limit von Tempo 50 hält...

Disziplin, Disziplin!

Ältere Semester mögen sich vielleicht noch an den Film «Quax der Bruchpilot» erinnern mit dem unvergesslichen Heinz Rühmann in der Hauptrolle. Pilotenanwärter Groschenbügel nimmt es da nicht so genau mit der Disziplin – und macht Bruch. Daher wiederholt der Fluglehrer den immer gleichen Spruch: «Disziplin, Disziplin, meine Herren!»

Diese Szenen spielen sich vor meinem geistigen Auge ab, als ich mit dem Spätbus nach Hause fahre. Für Nicht-Bus-Fahrer sei bemerkt, ab 21 Uhr hat jeder Passagier den vorderen Buseingang zu nehmen und dem Chauffeur sein Billett vorzuweisen. In der Regel bleiben die hinteren Eingänge geschlossen. Nicht so an diesem heiss-schwülen Sommerabend.

Die S-Bahnen fahren ein, und die Passagiere verteilen sich auf die Busse. Kaum zu glauben, was sich jetzt in «meinem» Bus abspielt. Obwohl alle Türen offen sind, bildet sich am vorderen Eingang eine Schlange, und Passagier um Passagier zeigt dem Chauffeur unaufgefordert sein Billett. Darunter auch Jugendliche (!). Mensch, denke ich, mit der

Disziplin ist es ja gar nicht so im Argen, wie oft behauptet. Aber eben, das waren halt gewöhnliche Buspassagiere und keine Pilotenanwärter.

«Du Feigling, du!»

«Bus» ist die Abkürzung von «Omnibus», was wiederum aus dem Lateinischen kommt und «für alle» heisst. Aber das kennen Sie ja schon aus einer früheren Geschichte. Ja, wirklich «für alle», auch für die unangenehmen Fahrgäste, wie ich kürzlich feststellen musste.

Am Bahnhof Unterwetzikon döse ich im Bus vor mich hin. Es gilt noch zwei S-Bahnen abzuwarten, bevor die Fahrt beginnt. Ein dumpfer Knall, eine leichte Erschütterung geht durch den Bus. Erschrocken blicke ich auf. Zwei Teenies weiblichen Geschlechts sind zugestiegen. Wobei eines der beiden Dämchen seinen prallvollen Schulrucksack mit Wucht auf einen Sitz geschleudert hat. Mit lauter Stimme beklagt sie sich bei ihrer Kollegin über den Zoff zu Hause, fläzt sich in den Sitz und putzt die Schuhsohlen ihrer weissen Modelatschen am Sitzpolster gegenüber.

Stechende Blicke der anderen Fahrgäste. In meiner Bauchgegend beginnt es zu brodeln. Plötzlich befindet sich ein angeknabbertes Zwiebacksandwich oder Ähnliches in der Hand des Teenies. Die verkleckerten Finger putzt sie ungeniert, vor aller Augen, am Sitzpolster ab. «Jetzt reicht's», denke ich, «du musst handeln, zumindest eine Bemerkung fallen lassen.» «Halt, du alter Moralist», flüstert mir das Engelchen auf meiner Schulter zu. Ich lasse es bleiben. Auch dann, als der Zwiebackrest – zugegeben, er ist klein – auf dem Boden landet.

Die Fahrt beginnt. Das selbstbewusste Dämchen taucht jetzt tiefer in den Sitz, seine Schuhsohlen erreichen gleichzeitig die Mitte der anderen Sitzlehne. «Leg ihr deine Schuhe auf ihren Schoss», so meine Gedanken. Der Abstand von mir zu ihr über den Gang wäre ausreichend für mein Ansinnen. Doch bevor ich mich zum Handeln entschliesse, muss ich aussteigen. Und das Teufelchen auf meiner Schulter sagt: «Du bist ein elender Feigling!»

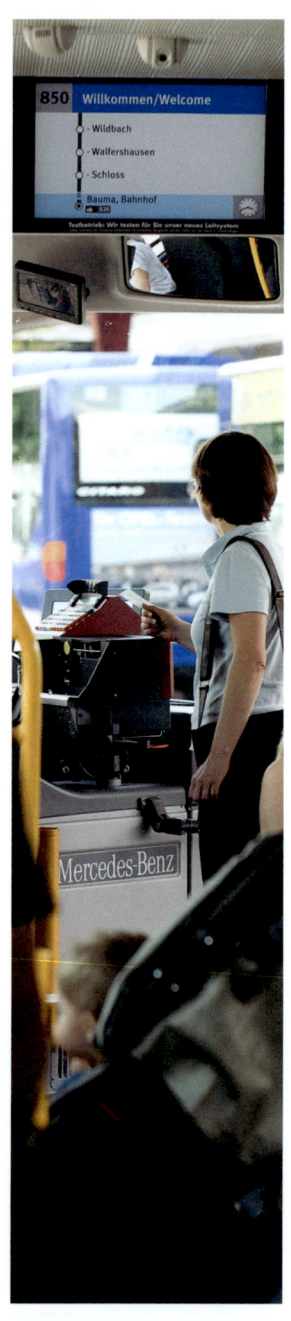

Im Spiegel

«Du schreibst in deinen Geschichten nur Gutes über die Kerle hinter dem Steuerrad», sagte mir kürzlich mein Kollege Hausi. «Wenn du wüsstest, was es da alles für unfreundliche Typen gibt.» Da ich tagtäglich so viele schlechte Nachrichten zu hören kriege, wolle ich in meinen Geschichten halt das Positive hervorheben, entgegne ich.

Doch Hausis Kommentar will mir nicht so recht aus dem Kopf. Ist es nicht meine Pflicht als Journalist, Missstände öffentlich zu machen? Also richte ich mein Augenmerk eine Zeit lang auf unfreundliche Buschauffeure. Lange muss ich nicht warten, da hat er schon recht, der Hausi. An einem Sonntagnachmittag sitze ich im Bus zum Bahnhof. An einer Haltestelle steht eine Schlange Ausflügler. Bewaffnet mit Stock und Rucksack. Kein Einziger hat ein Billett. Passagier um Passagier bemüht den Chauffeur um ein Ticket, währenddessen die Zeiger auf meiner Uhr unerbittlich vorrücken.

An der nächsten Haltestelle dasselbe. Ganz zum Schluss steigt eine Dame in «Ausgehuniform» ein. Eine grosse, dunkle Sonnenbrille ziert ihr Gesicht. Auch sie muss erst ihr Billett lösen. «Sie sind etwas spät dran, können Sie sich etwas beeilen, damit ich meinen Zug noch erreiche», sagt sie zum Chauffeur. «Wenn Sie das Billett dort am Automaten gelöst hätten, ginge es schneller», entgegnet der Chauffeur enerviert. Die Dame verwirft ihre Arme und macht eine Bemerkung, die ich hier lieber nicht wiedergebe. Das war wirklich nicht freundlich vom Chauffeur, oder? Dennoch frage ich mich, ob solche unfreundliche Chauffeure nicht einfach ein Spiegel sind, in dem sich gewisse Passagiere selber sehen?

«20 Rappen» für die Umwelt

Sie gehören mittlerweile zu unserem Alltag und sind für mich täglich ein Ärgernis. Ich meine die Gratiszeitungen. Oft muss ich ein Bündel Zeitungen vom Sitzplatz im Bus oder in der S-Bahn entfernen, bevor ich mich setzen kann. Ja, und dann die Fragen: Wohin damit? (Meistens auf den Sitz vor mir.) Und wer bezahlt für die Entsorgung?

Ich habe gehört, dass 20 000 Fahrgäste pro Tag den Bahnhof Wetzikon benutzen. «Wenn täglich nur 10 000 von ihnen sich mit je zwei Gratiszeitungen bedienen, wie gross ist dann die Abfallmenge?», frage ich mich. Ich nehme ausnahmsweise ein «Gratisblättli» mit nach Hause. 60 Gramm zeigt die Küchenwaage an. Zudem ist es ungefähr drei Millimeter dick.

Also gerechnet: 20 000-mal 60 Gramm ergibt 1200 Kilogramm Abfallzeitungen allein in Wetzikon. Würde man diese Zeitungen aufeinanderlegen, ergäbe das einen Turm von 60 Metern Höhe. Und das jeden Tag!

Meine Gedanken rotieren. Warum haben bisher Umweltschützer noch nie auf diese «Türme» aufmerksam gemacht? Warum knöpft man mir auf jeden Kubikmeter Gas, den ich zu Hause verbrauche, noch einen «Umweltrappen» ab? Wäre es nicht langsam angebracht, einen «20 Rappen»-Beitrag pro Kilo Gratiszeitungen zu heischen – der Umwelt zuliebe?

Mann, oh Mann

Männliche Buspassagiere verhalten sich unter der Woche anders als am Wochenende. Sobald sie zu Hause ihre Businessklamotten an den Bügel hängen und sich ins Freizeittenü stürzen, vollzieht sich offensichtlich ein Wandel. Denn befinden sich diese Männer im Familientross mit Frau und Kindern und machen eine Busfahrt, übernimmt in den meisten Fällen die Frau das Ruder. So schon oft von mir beobachtet. Der Mann steigt hinten im Bus ein, während die Frau – die lärmenden Kinder an der einen Seite, die Bagage an der anderen – vorne einsteigt und die Billetts für die ganze Familie löst. Der Mann fläzt sich unterdessen gemütlich auf den Sitz und beobachtet das Geschehen von hinten.

Wie anders doch jener Mann, der mit seiner Frau beim Züri Oberland Märt auf den Bus wartet. Die Frau, zwar ohne Kinder, steht inmitten eines Wusts schwerer Einkaufstaschen. Besagter Mann steigt vorne ein, löst vorbildlich die Billetts und setzt sich in die erste Reihe. Die Frau ihrerseits versucht, hinten die Einkaufstaschen in den Bus zu wuchten. Was ihr mit Hilfe engagierter Passa-

giere gelingt. Und dann steht sie –
wie zuvor an der Haltestelle – im Bus
inmitten ihrer Einkaufstaschen. Beim
Aussteigen das Gleiche, nur in um-
gekehrter Reihenfolge. Bei alledem
kann ich nur sagen: Mann, oh Mann!

Bus(ch)telefon

Wo erfahre ich die allerneuesten Neuigkeiten, die mich interessieren? Nicht im Internet und nicht in der Zeitung, sondern im Buswartehäuschen oder im Bus. Wem der Kater gehört, der seit Wochen in unserem Quartier alle Autos «markiert», das wird mir über das Bus(ch)telefon zugetragen. «Da isch èèr de Göiggel!», sagt die Frau, die mit mir die Wartebank im Bushäuschen teilt, und zeigt auf eine Katze. «Èèr bislet immer a öises Auto!» Dass er der Familie X gehört, vis-à-vis vom Lädeli, das wusste ich bis anhin nicht. Immerhin, gut zu wissen!

Ein andermal lerne ich in nur fünf Minuten die Familiengeschichte eines Mannes kennen, den ich bisher nur vom Grüezi- und Adieu-Sagen her kannte. Was Zwillers von nebenan für Ausbaupläne für ihr Häuschen haben, das erfahre ich zuerst im Bus vom Nachbarn meiner Nachbarn und nicht aus den amtlichen Anzeigen der Tageszeitung. Kein Medium bringt es fertig, Neuigkeiten so schnell zu verbreiten wie das Bus(ch)telefon.

Alles nur Fassade

Nur selten nutze ich die Fahrt im Bus zum Lesen. Viel lieber beobachte ich meine Mitmenschen. Ich bin eben neugierig. Und immer wieder staune ich über das Wesen Mensch.

Zu den Passagieren, denen ich regelmässig begegne, gehört eine Frau. Sie trägt jeweils ein elegantes Deuxpièces in dezentem Blau. Dazu die passenden Lederschuhe. Ihr grau meliertes Haar trägt sie straff zusammengebunden zu einem Knoten. Die schwarze, rechteckige Brille mit betont breiten Bügeln verleiht ihr eine ungemeine Strenge. Ihr zusammengekniffener Mund ist von vielen feinen Fältchen umrandet. «Mit der möchte ich nichts zu tun haben», denke ich unwillkürlich. Schon gar nicht als möglicher Chefin. Ich stelle mir vor, wie abweisend und kühl sie sich im Umgang mit anderen Menschen gibt.

Dann geschah etwas, das meine Ansichten vollkommen auf den Kopf gestellt hat. Eines Tages sitzt sie in der Reihe vor mir. Sie öffnet ihre Handtasche. Sie wissen, ich bin neugierig. Ich recke also meinen Hals und schiele auf ihre Tasche – nur so weit, wie es mein Anstand erlaubt, versteht sich.

Ich kann's kaum glauben, was ich da sehe. Zuoberst entdecke ich einen kleinen, herzigen Teddybären. Echt! Ihr Maskottchen oder ein Erinnerungsstück? Spielt keine Rolle. Mir wird es warm ums Herz, irgendwie berührt es mich. Was ich bisher über sie gedacht habe, ist alles nur Fassade. «Liessen wir uns doch gegenseitig nur mehr hinter unsere Fassaden blicken!», sinniere ich. So vieles würde sich in unserer Wahrnehmung und Beurteilung ändern.

Hinwilerstrasse?

Wer denkt, der Job eines Buschauffeurs beschränke sich auf die Bedienung der Türen und des Lenkrads, der irrt. Buschauffeure sind regelrechte Multitalente, stelle ich immer wieder fest.

Bahnhof Unterwetzikon, kurz vor der Abfahrt. Die Busse füllen sich. Nur zwei ältere Damen bewegen sich von Bus zu Bus und beäugen die Anzeigetafeln. Klar, die suchen den richtigen Bus. Jetzt stehen sie an der vorderen Türe «meines» Busses. «Faared Si a d Hiwiilerstraass?», fragen sie den Chauffeur. «Näi, da müend Si i de vorderi Bus iischtiige», so der Chauffeur. Logisch, dieser Bus fährt nach Hinwil. Ein anderer Buschauffeur, der auf dem Weg zu seinem Bus ist, hört mit. Er mischt sich in die Diskussion ein. «Weli Hiwiilerstraass meined Si?», fragt er die beiden Damen. «Die bim ‹Ochse› z Chämte.» Aha, nun ist doch nicht der vordere Bus der richtige, sondern der, in dem auch ich sitze. Buschauffeure – lerne ich an diesem Beispiel – ergänzen sich gegenseitig mit ihrem Wissen und setzen es zugunsten der Passagiere ein. Mein Respekt vor diesem Allrounder-Job ist seither gewachsen.

Alltagstrott

Wir Menschen sind Gewohnheitstiere. Das fällt mir besonders beim Busfahren auf. Zuallererst bei mir selber. Ich habe inzwischen meinen Lieblingssitzplatz: auf der linken Seite in der ersten Sitzreihe bei der zweiten Türe. Da gerate ich schnell einmal aus dem Konzept, wenn jemand die Frechheit hat, «meinen» Sitz in Beschlag zu nehmen.

Dass es auch anderen regelmässigen Buspassagieren so geht, konnte ich unlängst feststellen. Da ist diese Frau, die jeweils im gleichen Bus mitfährt. Beim Bahnhof sehe ich sie schon von Weitem, wie sie zielstrebig auf den wartenden Bus zugeht, bei der Fahrertüre einsteigt und sofort auf dem äusseren rechten Sitz in der ersten Reihe Platz nimmt. Lange Zeit blieb dieser Sitz immer frei für die besagte Dame – bis an jenem Mittwochabend. Die Passagiere strömen in den Bus. Und da haben zwei Teenager die Chuzpe, beide Sitze der ersten Reihe rechts zu besetzen. Auf der ersten Reihe links nehmen gleichzeitig eine Mutter und ihr Kind Platz.

Von Weitem sehe ich «meine» Dame, zielstrebig wie immer, auf den

Bus zukommen. Sie steigt ein und will sich auf «ihrem» Sitz niederlassen, erstarrt mitten in ihrer Bewegung, schaut auf die linke Sitzreihe und gerät ins Stocken. Ein Blick, erst nach rechts, dann nach links. Die Dame setzt sich in Bewegung, an allen leeren Sitzreihen vorbei, und bleibt stehen, wo sonst Platz für die Kinderwagen ist - bis zur Haltestelle, wo sie aussteigen muss. Die Moral von der Geschicht? Es sind wohl nicht in erster Linie die grossen Schicksalsschläge, die unser Leben aus der Bahn werfen, vielmehr die kleinen Störungen unseres gewohnten Alltagstrotts.

Integration

Buschauffeure sind ein illustrer Haufen. Da gibt es «Manne» mit Schnauz, Kahlgeschorene, Beleibte, Zierliche, bei denen ich mich frage, wie sie es fertigbringen, ein so grosses Gefährt unter Kontrolle zu halten, und solche, die dem Namen nach bei der Schlacht von Morgarten garantiert nicht auf Schweizer Seite gekämpft hatten. Letzteres hat einen positiven Einfluss auf die Integration, wie ich feststellen konnte.

Zu den regelmässigen Fahrgästen gehört ein älteres Ehepaar. Sie, das Gesicht mit einem Kopftuch verhüllt, er, ein weisses, rundes Käppi auf dem Kopf. Aufgefallen sind mir die beiden ihrer verschlossenen Gesichter wegen. Kaum je ein Wort wird gewechselt.

Dann wurde ich Zeuge einer Verwandlung. Ein junger Chauffeur mit einem für mich schwer aussprechbaren Namen fährt den Bus. In Oberwetzikon steigt besagtes Ehepaar ein. Beide setzen sich auf die vorderste Sitzreihe. Der Chauffeur sagt etwas in seiner Muttersprache zu ihnen. Ihre Gesichter beginnen zu leuchten, ein Lächeln umspielt ihre Mundwinkel.

Ein angeregtes Gespräch beginnt zwischen dem sonst so verschlossenen Ehepaar und dem Chauffeur. Alle drei sprechen sie lebhaft in ihrer Muttersprache.

Mich berührt das Geschehen. Plötzlich sehe ich das Ehepaar in einem neuen Licht. Meine Vorurteile werden klein und nichtig. Andere Institutionen stellen für teures Geld «Integrationsbeamte» an. Im Bus ist Integration inbegriffen – im Billett.

Verstopfte Ohren

Wie schnell man sich doch irritieren lässt. An der Bushaltestelle sitzt ein älterer Mann auf der Bank und wartet, eine Einkaufstasche in seiner Hand, auf den Bus. Nach meinem Motto «Ein freundliches Wort zu jeder Zeit» sage ich «Grüezi» beim Betreten des Bushäuschens. Der Mann schaut mich mit offenem Mund an und sagt kein Wort. Mindestens zehn Sekunden lang mustern mich die Augen hinter seiner Brille von oben bis unten, dann kommt ein vorwurfsvolles «Grrüüeezi». Er dreht wieder den Kopf und betrachtet seine Knie, mit denen er nervös wippt.

Irritiert setze ich mich auf die Bank. Ich habe doch «Grüezi» gesagt, was ist denn daran falsch? Aus meinen Augenwinkeln beobachte ich den Banknachbarn. Plötzlich beginnt er, mit dem Zeigefinger wie wild im linken Ohr zu bohren, schüttelt sich und macht dazu heftige Bewegungen mit Knien und Füssen. Alles klar, sage ich mir. Der gute Mann hat ein verstopftes Ohr und hat meine Begrüssung nicht gehört. Dennoch nehme ich mir vor, das Bushäuschen auch in Zukunft nicht durch ein im Kasernenhofton gebrülltes «Grüezi» zum Erzittern zu bringen.

Gerücheküche

Hitze, Enge, Schweiss. Trotz Klima-anlagen in den Bussen lassen mich die Gerüche zur Sommerzeit Achter-bahn fahren. Das beginnt oft schon am Bahnhof in Unterwetzikon. Zwar gibt sich die Stadt Wetzikon auf dem Papier urban. Doch den Gerüchen nach ist sie ländlich. Jedenfalls dann, wenn die verschwitzten Reisenden am Bahnhof von intensivem Gülle-gestank empfangen werden.

Der Bus wird zur reinsten Ge-rücheküche: Güllegestank vermischt sich mit Zwiebel- und Knoblauchaus-dünstung. Und setzt sich dann noch ein Passagier neben mich, der bereits 20 Minuten lang in der S-Bahn durch-geschwitzt wurde, beginnen meine Magennerven zu rebellieren.

Doch was will ich! Mein Marty-rium in dieser Gerücheküche dauert ja nur einige Minuten. Und beim Aus-steigen atme ich wieder die reine, mit Gülleduft durchsetzte Luft ein. Ich lebe halt auf dem Land, mit allen Vor- und Nachteilen.

Handy-Billett

Stolz bin ich auf mein neuestes Spielzeug: ein Touch-Screen-Handy. Das ist ein mobiles Telefon ohne Tastatur, bei dem das Telefonieren nur einen kleinen Teil dessen ausmacht, was dieses Ding alles kann. Bedienen kann ich das Gerät mit einem meiner Finger. Damit berühre ich auf dem Bildschirm entweder ein Symbol oder die gewünschte Zahl, den gewünschten Buchstaben. Das nennt man Touch-Screen-Bildschirm.

Dank meinem Handy kann ich ein grosses Problem beim Busfahren lösen. Ich nenne es Schnittstellenproblem. Denn wollte ich einmal weiterfahren als nur gerade auf dem Ortsnetz in Wetzikon, musste ich das Anschlussbillett am Bahnhof besorgen. Und dafür hatte ich, je nachdem, nur wenige Minuten Zeit zwischen der Ankunft des Busses und der Abfahrt der S-Bahn. Diese Situation umging ich bisher mit einer «Extra-Busfahrt» an den Bahnhof. Dort erstand ich das Billett für den nächsten Tag und trat den Heimweg an – natürlich im Bus.

Das hat sich geändert. Jetzt löse ich mein Billett mit dem Handy; zu

Hause, im Büro, ja auch im Bus. Ganz einfach: im Programm Abfahrts- und Zielort sowie Datum eingeben und absenden. Wenige Sekunden später habe ich ein gültiges Billett auf meinem Touch-Screen-Handy. Nicht ganz ohne, wie ich kürzlich feststellen musste.

Fahrausweiskontrolle! Ich zücke mein Handy mit dem Billett darauf und strecke es dem Kontrolleur entgegen. Verlegene Reaktion. Er nimmt seine rote «Kiste», fummelt darauf herum und richtet sie auf meinen Handy-Bildschirm. Ein Lesegerät, stelle ich fest. Erster Versuch..., nichts geschieht, zweiter Versuch..., nichts geschieht, dritter Versuch..., und wieder nichts.

Ein zweiter Kontrolleur kommt hinzu. Er entschuldigt sich und sagt, dass die Lesetechnik der roten «Kiste» noch nicht ausgereift und ich ein seltener Fall sei. Die Blicke der anderen Fahrgäste gelten plötzlich mir. «Klar, einer ohne gültiges Billett», lese ich aus den Gesichtern. Schliesslich geben die Kontrolleure ihre Versuche auf, mein Billet auf ihre «Kiste» zu übertragen. Das Schnittstellenproblem hat sich verlagert – ist aber (Gott sei Dank!) nicht mehr mein Problem.

Erziehen mit dem Handy

Keine Frage, Mobiltelefone sind aus dem Alltag nicht mehr wegzudenken. Im Vergleich zu den klobigen, schweren Geräten, die sie einmal waren, sind die heute erhältlichen Handys niedlich und klein – und praktisch jeder und jede besitzt eines. Und mit diesen Dingern kann man weitaus mehr als nur gerade telefonieren. Dass es auch möglich ist, mit dem Handy zu erziehen, darauf bin ich bis zu jener Busfahrt nicht gekommen.

Ich höre, wie ein Handy im hinteren Teil des Busses mit Fanfarentönen die Aufmerksamkeit seiner Besitzerin auf sich zieht. Und dann geht die Post ab. «Ich habe dir gesagt, dass du es in der Küche im Schrank findest.» Die Frau – offensichtlich ist sie die Mutter des oder der Anrufenden – brüllt entnervt ins Handy. So laut, dass ich Wort für Wort mitbekomme.

«Nein, ich habe dir gesagt, in der Wohnstube hast du nichts zu suchen, klar?» Dann folgt Anweisung auf Anweisung: Dass die Hausaufgaben zu erledigen seien, dass sich der oder die Angesprochene danach ins Zimmer zurückziehen solle und was weiss ich noch alles. So geht das geschlagene zehn Minuten lang. Geschlagene zehn Minuten erhalten die Buspassagiere Einblick in das pädagogische Geschick dieser entnervten Mutter. Und ich frage mich, ob es im Sinne des Erfinders ist, wenn Leute das Handy (miss)brauchen, um ihre Kinder per Fernunterricht Mores zu lehren.

Buch oder Bauch?

Es gibt Haltestellen, die spricht man auf Mundart so ganz anders aus, als sie geschrieben sind. «Buchgrindel» ist ein Beispiel dafür. Auf Mundart heisst es «Buechgrindel», auf Hochdeutsch eben «Buchgrindel». Und da ja Chauffeure seit längerer Zeit vom Ansagen der Haltestellen entlastet sind, ist auch die Mundart weitgehend aus den Bussen verschwunden. Stattdessen macht eine Frauenstimme in Standardsprache auf die nächste Haltestelle aufmerksam.

«Buchgrindel», tönt es aus dem Lautsprecher. «Mami, was für en Buuch isch das?», piepst es von der Sitzreihe hinter mir. Ein kleiner Knopf, der Standardsprache noch nicht mächtig, meint, das hochdeutsche «Buch» sei dem ebenfalls hochdeutschen Wort «Bauch» gleichzusetzen. Denn auf Mundart heisst es ja weder «Buch» noch «Bauch», sondern «Buech» – was wiederum nicht mit dem hochdeutschen «Buch» in Verbindung gebracht werden darf, sondern den Ursprung im Wort «Buche» haben dürfte.

Das Mami versucht krampfhaft, die babylonische Sprachverwirrung bei ihrem Sprössling zu entwirren. Ich freue mich insgeheim ob der kindlichen Logik und Phantasie, welche öfter mal Erwachsene aus der Fassung zu bringen vermag.

Keine Frage des Alters

Die ältere Dame ist mir schon länger aufgefallen. Die Bügel ihrer Brille sind mit Klunkersteinen besetzt, und an jeder Hand trägt sie mindestens einen goldfarbenen Ring. Das grau melierte Haar trägt sie kurz und hochgesteckt, wie aus dem Truckli.

Eines Tages nimmt sie auf dem Sitz vor mir Platz. Doch das geht nicht, ohne dass sie zuvor eine Gratiszeitung wegräumen muss. Also schiebt sie die Zeitung auf den Sitz neben ihr. Danach betrachtet sie das Gratisblättli eine Weile, nimmt es wieder zur Hand, faltet es einmal der Länge nach und stopft es zwischen Sitz und Buswand.

Jetzt beginnt sie, in ihrer Einkaufstasche zu wühlen. Ich höre Glas an Glas schlagen, dann das typische Geräusch zerreissenden Papiers. Plötzlich hat die Dame eine kleine Sektflasche in der Hand. So eine mit zwei Deziliter Inhalt. Als sie die Flasche wieder in die Einkaufstasche zurücksteckt, höre ich abermals Glas auf Glas schlagen. Und wieder zerreisst die Dame etwas in ihrer Tasche. «Was

zum Kuckuck macht die nur?»,
durchfährt es mich. Endlich, das Ge-
heimnis wird gelüftet. Die Dame
zieht ein zerrissenes Kartongebinde
aus der Tasche. Der Form nach hatte
es Platz für drei Sektfläschlein. Fein
säuberlich faltet sie den Karton und
legt ihn auf den Sitz neben ihr. Ganz
lange betrachtet sie den Karton, immer wieder, bis sie ihn schliesslich
zur Gratiszeitung zwischen Sitz und
Buswand hinunterstopft.

«Prosit!», wünsche ich der Dame
in Gedanken, als sie beim Alterswohnheim aussteigt. Ach ja, Littering,
das weiss ich seither, ist keine Frage
des Alters.

Menschen wie du und ich

Fasnachtstreiben in Oberwetzikon. Rings um mich bunt geschminkte Guggenmusiker, die sich die Lunge aus dem Leib pusten. Fröhlichkeit und Ausgelassenheit so weit ich sehe. Dann höre ich ein «Tüüt, Tüüt, Tüüt», das sich mit den schrägen Klängen der Guggenmusiker vermischt. Ein Bus fährt gerade vorbei, und der Chauffeur freut sich genauso wie ich und die Umstehenden ob des fasnächtlichen Treibens. Er gibt seiner Freude Ausdruck, indem er die Hupe drückt. Skandalös? Verkehrswidrig? Anstössig? Überhaupt nicht, finde ich. Buschauffeure sind Menschen wie du und ich. Richtig froh bin ich, dass «unsere» Chauffeure (noch) nicht in einem geschlossenen Kabäuschen ihren Dienst versehen müssen. So wie die in den Züri-Trämli. Dass man noch ein freundliches Wort wechseln kann, ohne dass die Frau oder der Mann hinter dem Steuer erst ein Stalltürchen öffnen muss.

Überhaupt, geht mir weiter durch den Kopf, kennt man bei uns in der Region die Pappenheimer vorne im Bus. Ein schönes Beispiel dafür gibt mir mein Sohnemann. Als wir zusammen unterwegs sind, flitzt ein

VZO-Bus vorbei, und mein Sohn sagt: «Papi, häsch gsee, das isch dr Herr A… gsii, wo hinder em Stüür ghocked isch. Weisch, das isch dèè, wo am Bahnhof immer so früntli uf Widerluege säit.»

Abwechslung braucht das Leben

Auch die gibt es: Busfahrten, die ohne aussergewöhnliche Ereignisse verlaufen. Die Buspassagiere haben das Kleingeld auf der Hand, wenn sie beim Chauffeur das Billett lösen. Kein Auto- oder Velofahrer bremst den Bus aus. Das Einfädeln von der Haltestelle in den Verkehrsfluss geht zügig, ohne Probleme. Keiner der Passagiere fällt durch aussergewöhnliches Benehmen auf. Niemand unterhält Chauffeur und Fahrgäste mit überlauter Konversation. Keiner versetzt dem Bus von aussen einen wütenden Fusstritt, weil er diesen im letzten Moment verpasst hat. Der Chauffeur verabschiedet sich am Bahnhof Unterwetzikon im gewohnten Rahmen. Nichts, aber auch gar nichts Aussergewöhnliches ist vorgefallen. Solche Fahrten sind trüb wie Novemberwetter.

Doch beim Nachdenken stelle ich fest: Gut, gibt es auch solche Fahrten. Erst die Abwechslung macht mein Leben spannend und nicht ewig gleiche Eintönigkeit. Denn wenn nur noch Aussergewöhnliches geschieht, wird dies mit der Zeit eintönig. Nur die Abwechslung lässt das Aussergewöhnliche aussergewöhnlich sein.

Zehnfahrtenkarte

Selten habe ich es bisher erlebt, dass ein Buschauffeur den Bus auf der Einstiegsseite so fest abgesenkt hat. Ein alter Mann steigt ein, in der einen Hand die Einkaufstasche, in der anderen einen Stock. Sein weisses Haar lugt unter der abgewetzten Dächlikappe hervor. Die Hose ist durch ein Paar alte Militärhosenträger auf Bauchnabelhöhe fixiert. Den Stock hängt der Mann jetzt an die Billettkasse des Chauffeurs, seine Einkaufstasche legt er vorne auf die schmale Ablagefläche hinter der Frontscheibe des Busses.

«I sött e Zääfaartecharte ha», spricht er den Chauffeur an. «S git nu na Sächsfaartecharte», erwidert der Fahrer. «Aha, dänn nimi a so äini.» Aus seiner Hosentasche zieht der Alte ein Portemonnaie und streckt dem Chauffeur ein Zwänzgernötli entgegen. «Bruched Si si fürs Ortsnetz?», fragt wiederum der Chauffeur. Der Mann nickt, nimmt die Karte entgegen und setzt sich auf die vorderste Sitzreihe. «Oo jee, jetze hani mini Täsche vergässe», seufzt der alte Mann. So laut, dass man es im ganzen Bus hören kann. Doch die Tasche liegt immer noch vorne auf der schmalen Ablagefläche. Und bei der nächsten Haltestelle holt der Chauffeur die Tasche und gibt sie «seinem» Passagier. «Aa, da isch si ja!», freut sich dieser.

Beim Spital verlässt der alte Mann mit Stock und Einkaufstasche den Bus. Doch kaum ist er draussen, springt der Chauffeur auf und rennt aus dem Bus auf den Mann zu: «Si händ Ires Usegäld vergässe mitznää. Das langed no für en Kafi!» «Ja, ja», entgegnet der Alte mit einem Lächeln auf dem Gesicht.

«Buschauffeur ist wirklich ein abwechslungsreicher Beruf», denke ich als stiller Beobachter der Szene. Da geht es nicht nur um Motoren und Fahrpläne. Im Zentrum stehen glücklicherweise immer noch die Passagiere, auch wenn diese nicht immer einfach sind.

Damit du da bist,
wo du zum Zug kommst.

Die VZO sind Partner im ZVV-Netz. Schnell, pünktlich und bequem bringen wir Sie zur S-Bahn.
Dank perfekt abgestimmten Fahrplänen geht's sofort weiter.

PARTNER IM ZVV
www.vzo.ch

EIN TICKET FÜR ALLES
www.zvv.ch